JN093045

知りたい！ 日本の 伝統音楽

③受けつごう！ 伝統音楽の今後

監修／京都市立芸術大学 日本伝統音楽研究センター

ミネルヴァ書房

はじめに

　伝統音楽とは、その国や地域の歴史や文化、風土のなかではぐくまれてきた音楽のことです。日本の伝統音楽は、いちばん古いもので、1300年も前から受けつがれているといいます。そんなに長いあいだ、失われることなく伝えられてきたというのは、世界でもめずらしいといわれています。また、日本の伝統音楽のなかには、能や歌舞伎といった、演劇的な舞台の伴奏音楽として、大きく発展したものもあります。それらは日本を代表する伝統芸能として、世界から注目されています。

　現代の日本では、日常のくらしのなかで伝統音楽と出会う機会がほとんどありません。でも、夏祭りの盆おどりの輪に入り、むかしからうたいつがれてきた民謡にあわせて自然とからだが動きだしたり、神社の祭りで笛や太鼓の音を耳にして、心がワクワクしてきたりする、そんな経験はないでしょうか。

　この「知りたい！　日本の伝統音楽」シリーズは、次のように全3巻で構成し、日本の伝統音楽をさまざまな面から取りあげていきます。

①調べよう！　**日本の伝統音楽の歴史**
②見てみよう！　**日本の伝統楽器**
③受けつごう！　**伝統音楽の今後**

　この本を読んで、みなさんが日本の伝統音楽を身近なものとし、伝統音楽について興味をもち、どんどん調べていってくれることを願っています。

もくじ

この本の使いかた

それぞれのテーマと関連のある写真や絵図を掲載。

本文をよりよく理解するための情報を紹介。

もっと知りたい！ よりくわしい内容や、関連するテーマを紹介。

歴史に見る
日本の音楽のなりたち

日本は長い歴史のなか、
外国の音楽や楽器を
受けいれ、
それに手を加えて、
特色のある音楽を
つくりだしてきました。

どんな音楽
だったん
だろうね。

海外との交流のなかで

　日本はむかしから中国大陸と交流をおこなうなかで、音楽や楽器もさまざまなものを受けいれてきました。奈良時代には、宮廷や寺院の儀式で、外来の音楽や舞と、日本にもともとあったものとあわせて演じられていました。

　9世紀の末になると、アジアのいろいろな地域から伝来した音楽や楽器は、しだいに日本人の感覚にあうように変化。平安時代には宮廷音楽としての「雅楽」、鎌倉時代には「平家物語」を琵琶の伴奏でうたう「平曲」、室町時代には「能や狂言」など、時代に応じて新しい音楽が生みだされていきました。

　江戸時代には、幕府が外国との交流や貿易を統制したことから、さらに日本独自の音楽や楽器が発達。中国の楽器である「三線」が本土に伝来すると、「三味線」に改変して音楽に取りいれられ、「人形浄瑠璃」や「歌舞伎」が生まれます。その人気とともに三味線音楽が発展し、箏（こと）や尺八との合奏もさかんになり、多くの人たちが音楽に親しむようになりました。

欧米の音楽の到来

　江戸幕府がたおれ、新しい政府が誕生。年号が明治に改められると、日本からは中国大陸より遠くに位置する西洋（欧米＝ヨーロッパやアメリカ）の音楽も取りいれられるようになります。開国*1当初の日本人がはじめて体験した西洋音楽は、「軍楽隊」（→右コラム参照）の演奏でした*2。それを皮切りに、クラシック音楽をは

軍楽隊が楽器を手にパレードするようすをえがいた浮世絵「横浜鈍宅之図」。ただし、外国人による大規模な軍楽が日本ではじめて演奏されたのは、横浜ではなく長崎が最初。この浮世絵も、長崎の画をもとにかかれたものだといわれている。

「軍楽隊」は日本の吹奏楽団のルーツ

「軍楽隊」とは、軍隊に所属して「軍楽」を演奏する楽隊です。軍楽は、軍事訓練や集団生活のなかでの合図や号令を出すのに、楽器と音楽を活用するというもの。外国の近代軍隊をめざした幕府は、九州の長崎に設置した海軍の伝習所（＝養成所）の軍事訓練に、さっそく太鼓信号（ドラムを使った指令）を採用（1855年）。1869年には薩摩藩（現在の鹿児島県）がラッパ信号を加えた軍楽を採用して「薩摩藩軍楽隊（薩摩バンド）」を設置します。これが日本の吹奏楽団*のルーツだといわれています。

幕府や有力藩に設置された軍楽隊は、のちにさまざまな儀式に参加して、余興で軍楽以外の音楽も演奏するようになります。また、軍楽隊の退役者を集めた民間の音楽隊が組織されると、吹奏楽が日本の各地で演奏されるようになっていきました。さらには、吹奏楽による大音量に宣伝効果を見こんで、百貨店などで少年少女の音楽隊を結成。これが、のちに洋楽界をせおう人材の養成所にもなっていきました。

＊管楽器と打楽器を中心とした楽団。現代でもプロ・アマ問わず、多くの吹奏楽団が存在。式典やイベントなどで演奏をおこなう。

じめとして、オペラやダンス音楽などが次つぎと到来。やがて日本人による西洋音楽の演奏会が活発におこなわれるようになります。

西洋音楽の到来は、日本の伝統音楽にも影響をあたえました。西洋音楽のよさを日本の伝統音楽にいかしながら、自分たちの音楽として発展させていきました。第二次世界大戦後には、欧米生まれのポピュラー音楽が次つぎに日本に到来。地域や時代がさまざまな音楽を吸収しながら、日本の音楽は、独自なものにかたちづくられてきました。

＊1 幕末（1853年）、ペリー率いるアメリカの軍艦が浦賀に上陸。大統領の国書を幕府にさしだし開国（外国とのつきあいを新たにはじめること）をせまった。

＊2 長崎などでは16世紀にキリスト教とともに伝わった聖歌が残っていたが、ほとんどの日本人にとって、はじめての西洋音楽は軍楽隊の吹奏楽といわれている。

1909（明治42）年に設立された「三越少年音楽隊」。

明治時代の小学校の音楽と唱歌

明治時代になると
全国に多数の小学校が
設立されました。
小学校の音楽の授業では、
西洋音階が採用され、
オルガンやピアノなど、
西洋の楽器が使われました。

先生がオルガンを
ひいて、みんなで
うたったのかな。

「唱歌」の誕生

　「唱歌」とは、もともとは学校の音楽の授業のことをさすことばでした。1872（明治5）年、学校制度ができたとき、小学校の授業の一科目として「唱歌科」が設けられたのです。そして、音楽の授業は「唱歌」とよばれ、授業でうたわれる歌も「唱歌」とよばれるようになりました。右は、唱歌集にのった歌の一部です。

1881（明治14）年に出版された小学唱歌集の初編。その2年後に第2編、その翌年に第3編が出され、音楽の教科書として広く普及した。

	唱歌	当時の曲名	原曲
小学唱歌集 初編／ 1881 （明治14） 年	むすんでひらいて	見わたせば	賛美歌
	ちょうちょう	蝶々	ドイツ童謡
	ほたるの光	蛍	スコットランド民謡
	スコットランドの釣鐘草	うつくしき	スコットランド民謡
	美しいドゥーン川の岸辺	思ひいづれバ	スコットランド民謡
小学唱歌集 第二編／ 1883 （明治16） 年	かすみかくもか	霞か雲か	ドイツ歌曲
	あの雲のように	年たつけさ	ドイツ歌曲
	リンカンシャーの密猟者	遊猟	イングランド民謡
	神の御子は今宵しも	榮行く御代	イングランド賛美歌
小学唱歌集 第三編／ 1884 （明治17） 年	あおげば尊し	あふげバ尊し	アメリカ歌謡
	アニーローリー	才女	スコットランド民謡
	庭の千草	菊	アイルランド民謡
	野ばら	花鳥	ドイツ歌曲

唱歌を広めるために、オルガンが各学校に配備された。写真は、1872（明治5）年の学制発布を受け、1875（明治8）年に開校式がおこなわれた旧見付学校（静岡県磐田市）。洋風木造の小学校校舎は国の史跡に指定され、館内では授業風景が再現されている。黒板の右横にオルガンがおかれている。

ほたるの光は、日本の音楽ではなかったんだ。

初期の唱歌は洋楽直輸入

　明治時代になって日本政府は、近代国家をめざし、積極的に西洋の文化を取りいれようとします。音楽教育も、西洋音楽に基礎をおきました。ところが、当時は指導書や参考書もなく、西洋音楽を教えられる先生もいません。そんななか、日本の音楽と西洋音楽を統合して、新しいスタイルの学校唱歌をつくることが望まれるようになりました。

　そこでおこなわれたのが、西洋の民謡や讃美歌のメロディーに日本語の歌詞をつけること。こうした音楽が学校で教えられるようになったのです。

「ほたるの光」はスコットランド民謡

　日本で最初の小学生向け唱歌の教科書『小学唱歌集』を編集したのは、文部省（現在の文部科学省）の音楽取調掛（のちに東京音楽学校、現在は東京藝術大学音楽学部）でした。そこにのっている歌の多くは、外国のメロディーに日本語の歌詞をつけたもの。いまでも卒業式などでよくうたわれている「ほたるの光」は、スコットランド民謡に歌詞をつけて、そのときの教科書に発表されました。

スコットランド民謡のタイトルは「オールド・ラング・サイン」で、「なつかしきむかし」という意味。旧友との再会を祝う歌だ。
『Wood's edition of the songs of Scotland』（スコットランド国立図書館）より

なじみのある音階「ヨナぬき」とは？

夕焼け小焼け

唱歌は、明治時代なかごろになると「ヨナぬき」とよばれる５音音階のメロディーがよろこばれるようになりました。

> ドレミソラしか使われてないね。

「ヨナぬき音階」とは？

「ヨナぬき音階」とは、ドレミファソラシの７音音階のうちの４番目「ファ」と７番目「シ」がぬけている５音音階のことです。日本ではかつて「ドレミファソラシ」を「ヒフミヨイムナ」（「一二三四五六七」の和語読み）とよび、そのうちの４番目「ヨ（ファ）」と７番目「ナ（シ）」がぬけていることから、そうよばれたのです。

いま、よくきく音楽のほとんどはドレミファソラシの７音音階ですが、わらべ歌や子守歌、民謡など、日本に古くから伝えられてきた音楽は、ヨナぬき音階になっています。ただし、ヨナぬき音階は、日本だけに伝わるものではありません。世界の各地に伝わる音楽にも、５音音階のものがあります。７ページで紹介したスコットランド民謡の「ほたるの光」は、その例です。

ヨナぬきの５音音階（長調）

ヨナぬきの５音音階（短調）

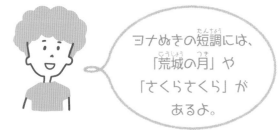

> ヨナぬきの短調には、「荒城の月」や「さくらさくら」があるよ。

1923（大正12）年、童謡（→14ページ）として発表された「夕焼け小焼け」は「ヨナぬき」の曲。いまでは多くの市町村で、子どもたちに帰宅をうながす夕方のチャイム（防災行政無線）にそのメロディーが使われている。

ドレミファソラシの7音音階と日本人

小学校で唱歌の授業がはじまったころの日本人は、ドレミファソラシのうち、「ファ」と「シ」がなじまず、教科書では、ファとシを使わない西洋音楽が多く採用されました。また、外国の民謡や歌曲を一部編曲して日本語の歌詞をつけてのせていました。ところが、その後、わらべ歌や子守歌、民謡などとはちがった、新たなヨナぬき音階の曲がどんどんつくられるようになりました。

日本人が作曲したヨナぬき音階を使った唱歌には、次の曲があります。

1910（明治43）年に文部省から発行された尋常小学校の唱歌教科書は、すべての曲を日本人が作曲したという点が画期的だった。

ヨナぬき音階を使った唱歌	「かたつむり」（1年）、「桃太郎」（1年）、「茶摘」（3年）、「虫のこえ」（3年）、「春の小川」（4年）
7音音階の唱歌	「富士山」（2年）、「紅葉」（2年）、「春が来た」（3年）、「冬景色」（5年）、「故郷」（6年）、「我は海の子」（6年）

（尋常小学唱歌1～6年より）

七五調のリズムと唱歌

日本には、むかしから伝わる詩の形式があります。「古池や／蛙飛びこむ／水の音」は、有名な松尾芭蕉の「俳句」です。

また「短歌」は、百人一首の歌としても知られています。「ひさかたの／光のどけき／春の日に／しづ心なく／花の散るらむ」。

俳句と短歌をひらがなであらわし、ひとつのひらがなを一音とすると、音の数が、「俳句」は五・七・五、「短歌」は五・七・五・七・七になっています。また「七五調」や「五七調」といって、5音と7音とのくりかえしの形式で続く定型詩もあります。

唱歌にも七五調の曲がたくさんあります。1910年に『尋常小學讀本唱歌』に初出された「我は海の子」を見てみましょう。

われは うみのこ／しらなみの

さわぐ いそべの／まつばらに

けむり たなびく／とまやこそ

わがなつかしき／すみかなれ

七五調でそろえられ、そのことばも、7音はほぼ「3＋4」のリズムになっています。七五調のリズムは歌舞伎のセリフ（例：知らざあいって／きかせやしょう）などにも使われ、心地よくひびくとされています。

現代にも見られる「ヨナぬき」音階

「ヨナぬき」音階は、明治以降、親しみやすく覚えやすいメロディーとしてしっかり定着。現代の流行歌などにも多く見られます。

親しみやすいメロディー

9ページでも記したように、5音音階による曲が子どもたちにうたいやすいからという理由で、西洋の民謡などから「ヨナぬき」の歌を多く唱歌に採用。その後、日本人が独自に子ども向けの唱歌や童謡（→14ページ）をつくるようになると、「ヨナぬき」音階を用いたメロディーの歌がふえて、子どもたちに親しみやすい音楽として全国に定着していきました。

「ヨナぬき」音階は、唱歌や童謡以外に、大人向けの「演歌」にもよく使われています。「ヨナぬき」には長音階と短音階の2種類があり（→8ページ）、演歌には短音階がよく用いられます。

現代の流行歌（ヒットソング）にも「ヨナぬき」を取りいれた歌がたくさんあります。右の表は、その例です。西洋音楽を子どもたちがうたいやすいようにと考えて選ばれた「ヨナぬき」音階が、時代の先端をいく音楽に用いられ、その曲がヒットするというわけです。

● 「ヨナぬき」音階が使われているヒットソング
（一部分に使用している曲もふくむ）

曲名	制作年	作曲	歌
「しれとこ旅情」	1960年	森繁久彌	森繁久彌
「木綿のハンカチーフ」	1975年	筒美京平	太田裕美
「夏祭り」	1990年	破矢ジンタ	ジッタリン・ジン
「春よ、来い」	1994年	松任谷由実	松任谷由実
「レーザービーム」	2011年	中田ヤスタカ	Perfume
「千本桜」	2011年	黒うさP	初音ミク
「つけまつける」	2012年	中田ヤスタカ	きゃりーぱみゅぱみゅ
「恋するフォーチュンクッキー」	2013年	伊藤心太郎	AKB48
「にんじゃりばんばん」	2013年	中田ヤスタカ	きゃりーぱみゅぱみゅ
「恋」	2016年	星野源	星野源
「打上花火」	2017年	米津玄師	DAOKO×米津玄師
「パプリカ」	2018年	米津玄師	Foorin

日本から世界に発信

これまで世界でもっとも知られている日本の歌謡曲といえば、坂本九が1961（昭和36）年に発表した「上を向いて歩こう」だといわれてきました。当時日本で大ヒットしたこの歌は、「SUKIYAKI」という曲名でアメリカでヒットし、1963年にはアメリカの音楽雑誌『ビルボード』の人気ランキングで第1位を獲得しました。その後、世界約70か国で発表され、レコードの売上枚数は1300万枚以上という世界的な大ヒットとなりました。この曲にも、一部をのぞいて「ヨナぬき」音階が使われています。

※楽譜は卜長調（「ソ」がはじめの音）だが、階名はハ長調（「ド」がはじめの音）で表記。

2011年に発売された、坂本九のアルバム。「上を向いて歩こう」は国内外の歌手にも多くカバーされている。　©ユニバーサル ミュージック

「ヨナぬき」音楽の名作曲家・中山晋平

　中山晋平（1887～1952年）は、大正から昭和の前半にかけて、「ヨナぬき」音階で名曲をたくさんつくった人としてよく知られています。

　1912年に東京音楽学校のピアノ科を卒業した中山は、小学校の音楽の先生となり、同時に作曲をはじめました。27歳のとき、芝居の劇中歌「カチューシャの唄」を作曲し、大ヒット。この歌は、中山が、西洋音楽の技法を使い、これまでの日本の歌に通じる心情を「ヨナぬき」音階を用いて表現した歌謡です。中山は、新しい時代の作曲家として名を知られるようになり、その後、数かずの流行歌を生みだしました。

　中山が作曲した作品は2000曲におよび、童謡（→14ページ）も数多く手がけていて、それらも「ヨナぬき」音階を基調にしています。代表作に「てるてる坊主」「砂山」「こがね虫」「シャボン玉」「背くらべ」「あの町この町」「兎のダンス」「雨降りお月さん」「証城寺の狸囃子」など。中山は、古くから親しまれてきた日本の音楽に西洋音楽を取りいれて、子どもたちが親しみやすく喜ぶようなメロディーを創作。その多くは、いまでも人びとにうたいつがれています。

新たな方向をめざす日本の音楽家たち

音楽教育が西洋音楽中心となり、
日本人の生活に
さまざまな西洋音楽が
入ってくるようになると、
日本の伝統的な音楽の
なかにも新しい動きが
出はじめました。

こととバイオリンの
合奏って、意外な
組みあわせだね。

箏曲の世界に新風をふきこむ

箏（こと）と尺八のための曲「春の海」を作曲した宮城道雄（1894〜1956年）は、独自の道を進んだ音楽家として広く知られています。宮城は14歳で作曲家デビュー。1920〜30年代には、日本の伝統音楽の改革をめざす運動（「新日本音楽」と名づけられた）の中心的存在でした。

宮城らは伝統音楽に洋楽の要素を導入し、新しい日本の音楽をつくろうとします。音域を広げるために箏の弦数をふやすなどして新しい楽器を開発し、伝統楽器と西洋楽器の合奏にも取りくみました。また、西洋の作曲を学んで新しい伝統音楽づくりにいかすなど、さまざまなくふうを試みました。

三味線と尺八にも新たな風が

宮城と同じころに活躍した四世杵屋佐吉（1884〜1945年）は、三味線音楽に新しい可能性を広げました。伴奏のための楽器という三味線の古くからのイメージをぬりかえるため、三味線だけで演奏する作品づくりに挑戦しました。

また、尺八音楽の中尾都山（初世、1876〜1956年）は、それまでとはことなる考え方の尺八音楽を生みだして、新しい流派（都山流→17ページ）を立ちあげ、尺八の可能性を開拓しました。

このように、宮城道雄と四世佐吉、中尾都山は、近代＊の日本音楽をもりたてる数かずの功績を残しました。

＊時代区分のひとつ。日本では一般的に、明治維新から第二次世界大戦が終わるまでをいう。

宮城道雄とフランスのバイオリニスト、ルネ・シュメーの「春の海」の合奏。日本、アメリカ、フランスでレコードが発売された。

発明王！　宮城道雄

　新年を祝う定番のBGMとして親しまれている名曲「春の海」には、宮城道雄が独自にあみだした和声法（ハーモニー）が活用されています。低音をゆたかにひびかせるように音域を広げた17本の弦の箏（十七絃箏）も宮城が考案。また、成功したとはいえませんでしたが、80本もの弦をはった八十絃箏も考案しました。宮城の目のつけどころと実行力には、だれもがおどろかされました。

八十絃箏。大きすぎてひきにくかったため普及しなかったが、ピアノをヒントに、ピアノのような広い音域をめざした意欲作。

巨大な「豪絃」をかまえる四世杵屋佐吉。佐吉は、コントラバスのような低音のひびきにあこがれ、低音三味線を考案。思いついたものを実際につくってしまう行動力で、新風をまきおこした。

初世中尾都山は、古風な味わいと新しい感覚をあわせもつ独奏曲をたくさんつくった。合奏の形式、楽譜の書き方、教え方にも独自のくふうを重ね、尺八音楽を広めた。

子どもが楽しむための日本の音楽

「童謡」は、子どものためにつくられた歌のことです。じつは箏曲や三味線音楽の長唄のなかにも、子どものためにつくられた曲や歌があります。「童曲」や「長唄童謡」とよばれています。

児童雑誌から生まれた「童謡」

唱歌（→6ページ）が学校の授業でうたうためにつくられた歌だとすれば、童謡は、家庭でうたわれることをめざしてつくられた歌です。1918（大正7）年、童話と童謡の児童雑誌として「赤い鳥」が創刊され、子どものための新しい歌をつくる創作の場となりました。

童謡の詩を書いたのは、北原白秋、野口雨情といった当時を代表する詩人や作家たちです。曲をつけたのは、東京音楽大学で学んだ若き20代の作曲家たちで、のちに多くの児童文学雑誌が出版され、たくさんの童謡が生まれました。

雑誌『赤い鳥』の創刊号。
（国立国会図書館蔵）

●児童雑誌から生まれた童謡

曲名	制作年	作詞	作曲
「赤い鳥小鳥」	1918年	北原白秋	成田為三
「かなりや」	1918年	西条八十	成田為三
「十五夜お月さん」	1920年	野口雨情	本居長世
「青い眼の人形」	1921年	野口雨情	本居長世
「七つの子」	1921年	野口雨情	本居長世
「赤とんぼ」	1921年	三木露風	山田耕筰
「雨降りお月さん」	1925年	野口雨情	中山晋平
「からたちの花」	1925年	北原白秋	山田耕筰
「この道」	1927年	北原白秋	山田耕筰

子どものための箏曲「童曲」

童謡は、ピアノやオルガンの伴奏でつくられた子どものための歌でした。同じように、箏（こと）の伴奏でうたう、子どものための箏曲をつくろうとする人も出現。「童曲」とよばれるこれらの曲は、箏をならいはじめた子どもの手ほどきに必要とされました。

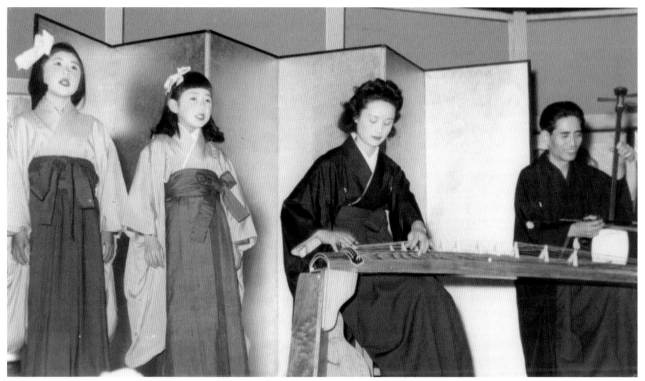
子どもたちと童曲をひろうする宮城道雄（右はし）。童曲には子ども自身が演奏しながらうたう曲もある。

12ページに記した宮城道雄は、次代をになう子どもたちのためにと、大正から昭和にかけて40年間、「ワンワンニャオニャオ」「お山の細道」など100曲以上の童曲をつくりました。その数は宮城の全作品のうち、4分の1以上に達しています。これらの作品のいくつかは、いまでも箏をならいはじめた子どもたちなどに受けつがれています。

唄の「童謡」を発表したといわれています。
　なお、宮城道雄の童曲の作詞の多くは、童謡詩人・童謡作詞家の葛原しげるが担当。佐吉の童謡の作詞は、野口雨情、北原白秋など文学者が参加していました。

*18世紀はじめごろに歌舞伎の音楽として成立し、おもに江戸で発展してきた三味線音楽。のちに歌舞伎から独立して作曲・演奏されるようになった。

子どものための三味線童謡

　四世杵屋佐吉（→12ページ）も、大正から昭和にかけて33曲の三味線による長唄童謡をつくりました。佐吉は、長唄*の歌詞には大人向けのものが多く、子どもに安心して教えられるものが少ないと感じて、子どもにも親しめるように長

童謡をひく、おさないころの五世杵屋佐吉（四世佐吉の長男）。

西洋オーケストラと日本の楽器との新たな出会い

ことなる分野の人や団体が協力して
おこなう作業や制作のことを
「コラボレーション」（コラボ）と
いいます。
コラボすることで、
新しい発想が生みだされると
いわれています。

琵琶と尺八とオーケストラ

　西洋のオーケストラに日本の伝統的な楽器や
手法を取りいれて独自の音楽をつくり、世界で
話題になった作曲家がいます。武満徹（1930
～1996年）です。
　武満は、1967（昭和42）年、ニューヨークフィ
ルの125周年記念の委嘱作品*として「ノヴェン
バー・ステップス　November Steps」を作曲。
オーケストラのひびきのなかに日本の伝統的な
琵琶と尺八を登場させたこの曲は、小澤征爾の
指揮で演奏されました。琵琶と尺八という組み
あわせは、日本の伝統音楽の長い歴史のなかで
も見られなかったことから、国内でも注目され
ましたが、海外でも大きな反響をよびました。

＊特定の目的のために、作曲家にたのみ、まかせてつくってもらう作品。

「ノヴェンバー・ステップ
ス」のジャケット。ほと
んど独学で作曲をはじめ
たという武満徹（写真右）
は、実験的な作品を生み
だした。雅楽の楽器を総
勢29人で演奏する大曲
『秋庭歌一具』も作曲。写
真左は小澤征爾。

©ユニバーサル ミュージック

1969年4月、「ノヴェンバー・ステップス」がトロント交響楽団の初来日公演にて披露された。指揮は小澤征爾、尺八は横山勝也、琵琶は鶴田錦史。

新しいことに
挑戦して、
すごいね。

ジャズに尺八

　山本邦山（1937〜2014年）は、ジャズに尺八を用いたパイオニア（先駆者）といわれています。日本の伝統楽器がポピュラー音楽の世界でも十分に通用する楽器であると、世界に証明しました。尺八は西洋的な7音音階をふくのが苦手な楽器ですが、演奏方法のくふうとたえまない練習が実をむすんだのです。

　するどい息づかいの変化を音色にこめる尺八は、つねに新しい感覚がもとめられるポップスやロックなどの領域でも重要視され、いまも可能性を拡大しつづけています（→27ページ）。

ドラム、ピアノ、ベースといったジャズの洋楽器とのコラボレーションをする山本邦山（右はし）。

尺八の流派

　尺八の流派*には、大きく分けて「都山流」と「琴古流」の二つがあります。「都山流」は、明治時代に入ってから中尾都山（→12ページ）によってつくられました。1949（昭和24）年から拠点を京都におき、現在にいたっています。もう一方の「琴古流」は江戸時代にはじまった歴史の長い流派です。江戸時代なかば、筑前黒田藩（現在の福岡県）の藩士だった黒沢琴古（1710〜1771年）が各地の虚無僧寺（→2巻24ページ）に伝わる曲を再編整理したのがはじまりです。上に記した山本邦山は、都山流尺八の演奏家。左上写真で尺八をふく横山勝也（1934〜2010年）は、琴古流を学びましたが、のちに流派をこえて尺八三重奏のジャンルを開拓したことで知られています。

*芸術や武術、学問などの系統のこと。

ジャンルにとらわれない
伝統音楽の試み

古典を受けつぐだけでなく、
新たな日本の音楽を
つくろうと、
演奏家たちは、それぞれに
創意くふうをこらし、
その成果が現在に
受けつがれています。

オーケストラと
ことが共演
してる！

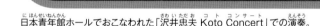

日本青年館ホールでおこなわれた「沢井忠夫 Koto Concert」での演奏。

古典と現代をむすぶ箏曲

　日本の伝統楽器と西洋音楽の世界を融合させた箏曲家に沢井忠夫（1937〜1997年）がいます。沢井は、古典をたいせつにする一方で、ジャズやクラシック音楽などにも挑戦し、ジャンルをこえて、箏（こと）の可能性を追求しました。

　また、沢井は日本の伝統楽器を海外に知らしめようと、アジアや欧米各国で演奏活動を展開。現代的な手法を使い、「時代にあった」表現をもとめて創作活動も積極的におこない、作曲した作品は90をこえています。

　それらの作品は、いまでも多くのコンクールやコンサートで演奏されています。

海外での演奏会に出演した沢井忠夫。右どなりに箏がおかれている。

鶴田錦史の鶴田流琵琶

　武満徹の「ノヴェンバー・ステップス」（→16ページ）で琵琶を演奏し、ニューヨークでの初演を成功に導いた鶴田錦史（1911〜1995年）は、琵琶楽に新しい可能性を開いた人物です。琵琶は、本来、語りの伴奏楽器として使われていました。鶴田は、琵琶に改変をくわえることで、器楽的な演奏効果を高めました。また、演奏法にもくふうをこらして表現をよりゆたかにし、琵琶に独奏や合奏という使い方ができることを証明したのです。薩摩琵琶のもつ力強い表現をもりこんだ演奏は、広く世界にみとめられ、琵琶が現代の音楽に取りいれられるようになりました。

「ノヴェンバー・ステップス」の記者会見のよう。左から小澤征爾、武満徹、鶴田錦史、横山勝也。　©共同通信社／ユニフォトプレス

和楽器でオーケストラの大合奏

　「日本音楽集団」は、日本人作曲家の作品から西洋のクラシック音楽まで、さまざまな曲を日本の楽器で演奏する楽団です（1964年創設）。通常、箏や三味線を使った古典の演奏会では、床に正座してひくスタイルが正式ですが、この楽団では、箏は立奏台を使い、三味線はいすにすわって演奏します。しかも、楽譜に五線譜をつかい、指揮者も登場します。これまでの古典的な日本の伝統音楽の演奏スタイルを脱して、現代風の新しいかたちを試みています。

日本音楽集団の舞台のよう。映画『ゴジラ』の音楽などで知られる作曲家・伊福部昭作曲のオーケストラ作品「交響譚詩」を、箏や尺八、篠笛、笙、太鼓ほか和楽器を総動員して演奏。

津軽地方から発展した
津軽三味線

三味線は、うたや語りの
伴奏楽器として
親しまれてきましたが、
三味線だけのひびきで
魅力的な音楽を
つくろうという
人たちもあらわれました。

すごい迫力!
どれだけの音に
なるんだろうね。

「生きるため」から「きかせるため」へ

　津軽三味線は、青森県の津軽地方で生まれた三味線です。明治時代初期、盲目の「坊さま」が「門づけ」*して歩きながらひいたことにはじまるといわれています。

　津軽三味線を「芸としてきかせる音楽」へと発展させた開祖だといわれているのが仁太坊（1857〜1928年）です。弦をたたく独特の奏法を生みだし、三味線も、棹の太さを、切れのよい音色の細棹から、力強い音色の太棹にかえて、低音がよくひびくようにしました。

　さらに、仁太坊最後の弟子、初代・白川軍八郎（1909〜1962年）は苦労の末、独自の技や奏法できかせる「曲びき」といわれる演奏スタイルを編みだしました。

青森から全国へ、そして世界へ

　津軽三味線を全国に広めたのは、初代・高橋竹山（1910〜1998年）です。高橋も、坊さまとして三味線の腕をみがき、多くの津軽民謡を三味線曲として編曲。1986年には、アメリカで公演をおこない、世界に津軽三味線の名を知らしめることとなりました。

　津軽三味線は、盲人の「門づけ」からはじまったこともあり、本来は楽譜がありません。そのため同じ曲でも演奏者によって内容がちがったり、ひくたびに演奏がかわったりします。これを「即興演奏」といいます。そういった津軽三味線の特徴に、即興演奏を得意とする西洋音楽のジャズやブルースとの共通点をみいだす若い世代もいます。

*家いえをまわり、門や玄関先で三味線をひいたり歌をうたったりすること。お金や食べ物をもらうこともある。

民謡の伴奏の前奏を少しずつ長くしていき、三味線だけの独奏でお客さんを魅了したという白川軍八郎。

津軽三味線の文化と伝統をはぐくんできたまち、青森県の弘前で毎年開かれるイベント「The津軽三味線」。現在でもこの地域では、子どもから大人までたくさんの人が津軽三味線を楽しんでいる。

伝統三味線の新風「俚奏楽」

三味線奏者であり作曲家の本條秀太郎（1945年〜）は、地方に残る歌の源流をたずね、その音楽の旋律、躍動感、姿や空気感までも取りいれて「俚奏楽」という三味線音楽を創作しました。俚奏楽は、民謡を保存し、そのゆたかな音楽性を三味線の未知の世界に探求した新しい伝統音楽といえます。古典的演奏はもとより新たな奏法を用い、現代に生きる三味線伝統音楽として演奏活動も積極的におこなわれています。

津軽三味線を全国に広めた第一人者として知られる高橋竹山。

新しい三味線の音楽づくりをめざす本條秀太郎（左から2人目）。©岡部好

オーケストラ形式の組太鼓

日本の伝統的な太鼓を総称して
「和太鼓」といいます。
種類のことなる和太鼓を組みあわせて
複数の人たちで演奏する
オーケストラ形式の
和太鼓集団がふえています。

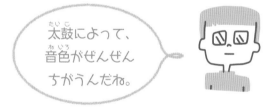

太鼓によって、
音色がぜんぜん
ちがうんだね。

ひとり打ちから大人数の組太鼓へ

　舞台に複数の和太鼓を登場させ、それぞれの太鼓奏者たちが、はげしく踊るようにばちを太鼓に打ちつける、そんな演奏スタイルが生まれたのは、ごく最近のことです（→右上写真解説）。

　太鼓の演奏スタイルには、ひとり打ちから、3人以上による組太鼓、10人以上でおこなうオーケストラ形式の組太鼓など、さまざまな形式があります。音階のない和太鼓はひとつではメロディーを演奏することができません。でも、複数の太鼓奏者が、音量と音質のちがった太鼓を打つことで、ものすごい迫力になります。

第21回日本太鼓ジュニアコンクールで優勝した「和太鼓たぎり」。メンバーは、福岡県糸田町の子どもたち（小学生から高校生まで）。地域の活性化と伝統文化の伝承および普及をはかり、2009年に結成された。ふだんは、田川・筑豊を中心に施設慰問やイベント参加などの活動をしている。

長野県岡谷市に伝わる「御諏訪太鼓」は、戦国時代に武田信玄が軍を指揮するために用いた組太鼓がルーツとされる。明治時代にいちどとだえたが、1950年ころ、初代・小口大八が復興。現在のスタイルを完成させるとともにオリジナル曲をつくった。これがオーケストラ形式の組太鼓の最初だといわれている。

プロの和太鼓集団の活躍

　オーケストラ形式の組太鼓が広く知られるようになったのは、1970年代以降のことです。「鬼太鼓座」、「鼓童」、林英哲といった、プロの和太鼓集団や演奏者が出現。かれらは、伝統的な太鼓や古典芸能の太鼓を積極的に学んだうえで、そこで得たものを創作にいかしました。

　その後、かれらの舞台を見た人たちが、各地でアマチュアの和太鼓グループを結成。オーケストラ形式の組太鼓は、一大ブームとなりました。

　組太鼓には、神社の儀式や祭り、歌舞伎などに使われている伝統的な大太鼓（長胴太鼓、宮太鼓ともいう）をメインに、平太鼓や、かついで演奏できるくらい軽い桶胴太鼓、能や長唄の伴奏でも目にする締太鼓などが加えられ、多種多様な音色がかなでられます。

ゲーム「太鼓の達人」

　「太鼓の達人」とは、画面に映しだされる音符マークにあわせて太鼓をたたくゲーム。曲がはじまると「ドン」「カッ」などの、リズムを文字とともにあらわす音符マークが画面右から左に流れてくるので、左はしにある丸い枠と重なったタイミングで太鼓の面やフチをたたきます。このゲームの開発者は、「和太鼓のたたき方は、たいていの日本人が文化として知っているので、はじめてでも練習ぬきで楽しめる」と考えたといいます。「和太鼓になじみがないであろう小さな子どもまでプレイしたがるのは意外だった」「太鼓はなにか本能的にたたきたくなるものかもしれない」とも発言しています。

2001年に初代が登場し、以後バージョンアップを重ねて現在ではゲームセンター用のゲーム機だけでなく、家庭用ゲーム機のソフトやスマホ用アプリもある。

©BANDAI NAMCO Entertainment Inc.

和楽器マンガの登場

音楽活動が中心にえがかれたマンガは、むかしからたくさんあります。音楽のジャンルはクラシックからバンドまでさまざまですが、近年、和楽器を題材にしたマンガが登場しています。

はじまりは西洋音楽から

音楽を題材としたストーリーマンガの初期の作品に、少女クラブ（現在の講談社発行）に連載された、バイオリンをひく少女が主人公の『ママのバイオリン』（ちばてつや作/1958年）があります。『ママのバイオリン』では、母親をなくした主人公のまなみが、母の形見であるバイオリンを通して出会うさまざまな経験がえがかれています。

その後、ロックやクラシック音楽、ピアノや弦楽器などをテーマにした作品が登場。2000年代になると、高校の軽音楽クラブや吹奏楽部を舞台にしてえがかれたマンガがふえてきます。

音楽マンガのテーマを時代にそって見ていくと、その時代に人気のあった音楽や楽器がよくわかります。

●音楽マンガいろいろ

制作年	作品名	作者	楽器・ジャンル
1958年	ママのバイオリン	ちばてつや	バイオリン
1969年	ファイヤー！	水野英子	ロック
1975年	オルフェウスの窓	池田理代子	クラシック ピアノ
1976年	ウィーン協奏曲	竹宮惠子	ピアノ
1980年	いつもポケットにショパン	くらもちふさこ	ピアノ
1988年	まみあな四重奏団	槇村さとる	弦楽器
1995年	おしゃべりなアマデウス	武内昌美	バイオリン
1995年	花音	さいとうちほ	弦楽器
1997年	神童	さそうあきら	ピアノ
1998年	ピアノの森	一色まこと	ピアノ
1999年	BECK	ハロルド作石	バンド

制作年	作品名	作者	楽器・ジャンル
2001年	のだめカンタービレ	二ノ宮知子	クラシック
2004年	マエストロ	さそうあきら	オーケストラ
2007年	けいおん！	かきふらい	軽音楽
2007年	坂道のアポロン	小玉ユキ	ジャズ
2008年	青空エール	河原和音	吹奏楽
2010年	ましろのおと	羅川真里茂	津軽三味線
2011年	四月は君の嘘	新川直司	クラシック
2011年	さよならピアノソナタ	杉井光	クラシック
2012年	この音とまれ！	アミュー	箏（こと）
2013年	響け！ ユーフォニアム	武田綾乃	吹奏楽
2016年	なでしこドレミソラ	みやびあきの	和楽器バンド
2017年	青のオーケストラ	阿久井真	オーケストラ

和楽器を題材にしたマンガ

和楽器をテーマにしたマンガで、近年話題になったのが、『ましろのおと』（2010年／月刊少年マガジン）です。津軽三味線の師でもあった祖父をなくし、自分の目標を見失った16歳の青年が上京。高校の津軽三味線愛好会に入り、多くの人との出会いのなかで成長していく物語です。

『この音とまれ！』（2012年／ジャンプSQ.）は、廃部寸前の高校の箏曲部を立てなおし、コンクールで全国１位をめざし、全員で懸命に取りくむ箏曲部の高校生たちをえがいたもの。

和楽器ガールズバンドをめざす女子高生たちをえがいた『なでしこドレミソラ』（2016年／まんがタイムきららフォワード）は、楽器の魅力にひかれて三味線をはじめた美弥と３人の少女たちが和楽器同好会をスタート。さまざまな課題をのりこえていくようすがえがかれます。

『ましろのおと』（羅川真里茂／講談社）
2012年に第16回文化庁メディア芸術祭マンガ部門で優秀賞を受賞。

『この音とまれ！』（アミュー／集英社）©アミュー／集英社
作中に登場するオリジナルの箏曲が実際に製作され、CDも発売。和楽器のCDとして異例のヒットを記録し、2017年度第72回文化庁芸術祭賞のレコード部門優秀賞を受賞。

『なでしこドレミソラ』（みやびあきの／芳文社）©みやびあきの／芳文社
タイトルの「ドレミソラ」は、「ヨナぬき」音階（→8ページ）をあらわしている。人気のアニメソングを和楽器で演奏するCD『和楽器でアニソン』（Team J クラシック・オーケストラ）のジャケットに作中メンバーが登場。次元をこえたコラボレーションを実現。

『この音とまれ！』の作中オリジナル曲は、中学・高校の箏曲部にも人気。演奏曲として取りあげられることも多い。（東京の小平市立小平第六中学校箏曲部）

伝統にこだわり、伝統をこえる

日本の音楽は、
古いものをたいせつにしながら、
そこに新たな息をふきこんで
発展してきました。
音楽家たちは挑戦をくりかえし、
伝統とはなにかを
問いつづけています。

和楽器を演奏していても、
服装は和服ではないんだね。

J-POPとよばれる日本独自の音楽

J-POPとは、Japanese Pop（日本のポップ）の略で、日本製のポピュラー音楽（西洋風の親しみやすい音楽）のことをさします。このことばを生みだしたのは、1988年に開局したFMラジオ局J-WAVEだといわれています。海外の音楽しか流さないJ-WAVEが流す日本の音楽、つまり「海外と肩をならべた日本の音楽」のことをJ-POPとよんだのです。

いっとき、ほとんどの日本製ポピュラー音楽がJ-POPとよばれるようになり、世界を意識した日本の音楽という意味が失われたような時期もありました。しかし、日本の伝統的な音楽と、現代の音楽がむすびつくことで、新たなJ-POPが生まれています。

和楽器の新たな合奏スタイル

むかしから、「三曲合奏」や長唄＊など、ことなる楽器で合奏することはよくおこなわれていました。ところが、近年では、通常では合奏する機会の少ない楽器を組みあわせて、オリジナル曲を演奏するという、新しい合奏スタイルが生まれてきました。

また、和楽器と洋楽器を組みあわせた集団をつくり、クラシックやポピュラーソングをアレンジしたり、オリジナルの曲づくりに挑戦したりするバンドもあります。

＊「三曲合奏」は、三味線と箏（こと）、尺八（胡弓）の3つの楽器を使っての合奏。長唄は、三味線を基本とするが「お囃子」とよばれる管楽器と打楽器も加わる。

いろいろな楽器が
組みあわさって、
なんだか楽しそう。

©NHKプラネット

雅楽師である東儀秀樹（中央）とバイオリニストの古澤巌、アコーディオニストのcobaの３人が集まって演奏するコンサート。

ライブ演奏をおこなう一噌幸弘（右から２人目）。

和楽器を再編成して結成された「AUN J CLASSIC ORCHESTRA」。

詩吟、和楽器とロックを融合させた「和楽器バンド」。

Photo by Kyoka Uemizo

他ジャンルとの共演

　クラシックやジャズなどの演奏に和楽器を取りいれ、新しい音楽をつくりあげることは、これまでもおこなわれてきました。そうした活動がさらに広がり、伝統音楽の枠をこえて、さまざまな分野のアーティストと共演し、伝統をふまえながら新たな音楽を開拓する音楽家たちがふえています。

　また、アニメやゲーム音楽、インターネット上の電子音楽などを、和楽器を使って演奏する集団も登場。曲のアレンジや、うたい方にも伝統的なテクニックが使われ、伝統音楽のさまざまな可能性を広げています。

●広がる伝統音楽の活躍（近年の例から抜粋）

1982年 ロックバンドの「ゴダイゴ」が三味線、太鼓、尺八、琵琶の演奏家と共演。長唄を元にした「IN YOU 勧進帳」を演奏し、テレビ放映。

1987年 伝統音楽の演奏家による初のロックバンド「The家元」結成。長唄の六代目杵屋勝四郎（1959年～）をメインボーカルに、和楽器と洋楽器を混合した三味線ファンクバンドとして、1990年にメジャーデビューをはたす。（その後、解散）

1988年 尺八、箏、ギターによる合奏グループ「遠tone音」が結成。北海道をベースに、自然をテーマに楽曲をつくり、バンド活動をスタート。

1991年 能楽の笛の奏者として活躍する一噌幸弘（1964年～）が、古典の舞台をつとめると同時に、自主コンサート「ヲヒヤリ」を主宰。即興演奏家として内外のさまざまなジャンルの音楽家やアーティストたちと共演。（写真上から２番目）

1994年 尺八奏者の横山勝也（→17ページ）が岡山県美星町（現・井原市）で第1回ワールド尺八フェスティバルを開催。以後、4年に一度、国内外で4日間にわたる音楽祭をおこない、尺八、箏、三味線の演奏者たちが共演。

2002年 雅楽師の東儀秀樹（1959年～）が演劇「オイディプス王」で舞台音楽を担当。翌年、映画音楽も手がけ、雅楽の持ち味をいかした独自の音楽をジャンルのことなる世界で展開。専門の雅楽演奏会に出演するほか、海外での公演や、他ジャンルの音楽家との共演に精力的に取りくむ。（写真いちばん上）

2007年 尺八演奏家・作曲家の藤原道山（1972年～）がチェロとピアノとのユニット「古武道」を結成。藤原は、映画音楽や舞台音楽など他ジャンルでも活躍。

2008年 津軽三味線奏者・吉田良一郎（1977年～）が、尺八、太鼓を加え、和楽器グループ「WASABI」結成。2010年にはさらに箏を加えて活動の場を広げる。

2008年 「和楽器を、もっとわかりやすく、かっこよく、シンプルに！」を合ことばに、「AUN J CLASSIC ORCHESTRA」が結成。和楽器のみを使ってオリジナル曲を演奏。（写真上から３番目）

2012年 インターネットの投稿動画に、人気のゲーム音楽を和楽器で演奏する動画が登場。和楽器集団「杵家七三社中」の本格的な演奏は、10～20代の支持を獲得。

2014年 詩吟の師範（歌舞などの芸能や学問の先生、資格）の女性をボーカルに、和楽器とロックを融合させた「和楽器バンド」がボーカロイド楽曲（音声合成技術でつくられた歌声をもつキャラクターがうたう曲）のカバー演奏でデビュー。（写真いちばん下）

これからの
伝統音楽は？

この本では、明治時代以降、西洋音楽を
取りいれ、現代に日本の伝統音楽を
受けついできたようすを見てきました。
未来の伝統音楽は、日本の音楽の未来。
どんな未来が展開されていくか、
新たな挑戦が期待されます。

かっこいい。
ぼくもやってみたいな。

まずは伝統音楽に親しむ

26～27ページで記したように、現代の日本
のポピュラー音楽の世界では、箏（こと）や三
味線、尺八など和楽器の音色をきく機会がふえ
てきました。一方、実際に和楽器にふれる機会
はまれで、学校の授業ではじめて接するという
人も少なくありません。

生活のなかで、和楽器や伝統音楽との出会い
がへっている危機感から、子どもたちに伝統音

楽の世界に親しんでもらうことを目的に、近年、
さまざまな活動がおこなわれています。

そのひとつが子どもの邦楽合奏団です。地域
の小学生から高校生を対象に団員を募集。団員
になると、日本の伝統楽器を学びながら演奏会
をおこないます。写真は、その例です。

「新潟市ジュニア邦楽合奏団」は、1995年に箏教室からスタート。約
40名の団員が毎週土曜日の午後、練習にはげみ、定期演奏会で成果を
ひろうする。「現代邦楽合奏」というジャンルに取りくむジュニアの合奏
団として、楽器の基本奏法と合奏を学び、レベルの向上につとめている。

「いしかわ子ども邦楽アンサンブル」は、2010年に石川県音楽文化振興事業団によって結成。30人ほどの団員が月2回、三味線、箏、囃子（小鼓、大鼓、太鼓）の稽古を積み、イベントや発表会をおこなう。

体験教室やワークショップ

　伝統音楽や伝統芸能に関する小学生のための体験学習も各方面でおこなわれています。

　日本芸能実演家団体協議会が主宰する「キッズ伝統芸能体験」は、初心者のための「能楽」「長唄」「三曲」「日本舞踊」体験プログラムです。小学生から高校生までを対象に、全16回の稽古をおこなっています。

　夏休みなどに、期間限定の体験学習をおこなったり、学校への体験プログラムの派遣がおこなわれることもあります。アーツカウンシル東京では、東京都内の小・中学校への体験プログラムや、能楽堂での体験学習を実施。全国の大学や市区町村などでも、子どもに向けて、和楽器や伝統音楽への理解を深めるイベントが開催されることがふえています。

演奏者が学校訪問

　学校を訪問して体験学習教室を開く伝統音楽の奏者たちもいます。各地域で地元の学校を中心に訪問活動をしている人たちもいれば、プロのバンドとして国内外で公演活動をしながら、和楽器のすばらしさを子どもたちに伝えたいと全国の学校をまわる集団もあります。

　文化庁では「文化芸術による子供育成総合事業」として、全国の小中学校でミニ公演＋体験ワークショップを展開。長唄協会や日本三曲協会なども、協会を通じて学校への派遣演奏を積極的におこなっています。

「AUN J CLASSIC ORCHESTRA」（→27ページ）が中学校を訪問。

伝統音楽の
さまざまな展開

本土とことなる文化をもつ沖縄とアイヌ民族の音楽にも、西洋音楽の要素を加えた音楽が登場。新たな音楽が生まれています。

「ウチナー・ポップ」で世界に発信

「ウチナー・ポップ」の「ウチナー」とは「沖縄」のこと。「ポップ」は現代の音楽。その代表曲ともいわれる「花〜すべての人の心に花を」は、沖縄の伝統的な音楽*とロックやポップスなど現代の音楽がむすびついてできた曲です。

作者の喜納昌吉（1948年〜）は、沖縄民謡の大家の子として沖縄に生まれ、アメリカのハワイでこの曲を録音しました。当時、沖縄は日本の領土でありながら、アメリカ軍に占領されている状態でした。世界の平和への願いがこめられたこの歌は人びとの心を強くとらえ、世界に広まりました。

三線をひく喜納昌吉。「花」は、1996年のアトランタオリンピック、2008年の北京オリンピックのイベントでもうたわれた。

トンコリで新たな伝統を開拓

アイヌ民族（→1巻30ページ）の伝統楽器にトンコリという弦楽器があります。本来は生音が基本ですが、トンコリに音を増幅させるマイクをいれこみ、ドラムやベースとあわせてバンド演奏をはじめたのが、OKI（1957年〜）です。

アイヌの血を引くOKIは、「アイヌは交易を通じて他の文化の影響をうけ、発達してきた。新しいものを取りいれてつくっていく、それがアイヌの伝統」だといい、アイヌ音楽の伝統に世界のルーツ音楽（その土地に根づいた音楽）を取りいれ、新たなアイヌ音楽の魅力を国内外に発信しています。

沖縄民謡の代表的な唄い手・大城美佐子との共演も実現させたOKI。手にしている楽器がトンコリだ。

©Maciej Komorowski

*かつて沖縄は「琉球国」とよばれ、独立した国だった。15世紀初頭に沖縄島を統一したことからはじまり、1879年の廃藩置県まで、首里（現在の那覇市）に宮廷をおく独立国として、独自の文化をはぐくんだ。（→1巻28ページ、2巻28ページ）

さくいん

本文・コラムおよび写真のキャプションから伝統音楽に関係する用語をのせています。

■監修

京都市立芸術大学 日本伝統音楽研究センター

― 監修にあたってのあいさつ ―

　京都市立芸術大学日本伝統音楽研究センター（通称：でんおん、伝音センター）は、日本の伝統文化を音楽・芸能の面から総合的に研究する国内唯一の公的研究機関です。2000年4月に開設され、2020年に20周年を迎えます。20周年のふしめにあたり、将来の日本文化の担い手となる子どもたちに向けた「日本の伝統音楽」シリーズに監修のかたちでお手伝いできたことをとてもうれしく思います。

　伝音センターは、伝統文化が集積する京都の立地を活かし、国内外の研究者・研究機関・演奏家等と提携し、学際的な共同研究を定期的におこなっています。研究成果は、出版物のほか、公開講座・伝音連続講座・伝音セミナーを定期的に開催し、解説や実演をまじえて市民に提供。また貴重な音源・楽器・文献などの資料収集にもつとめています。所蔵資料は，図書室での閲覧提供もおこなっています。伝音センターの詳細や活動については，ホームページでもご覧いただけます。日本の伝統音楽・芸能に関心のある方は、ぜひ子どもたちとお訪ねください。

日本伝統音楽研究センター所長　渡辺信一郎

武内恵美子 （第1巻担当）
日本伝統音楽研究センター准教授（音楽学、日本音楽史）

藤田隆則 （第1巻担当）
日本伝統音楽研究センター教授（民族音楽学、日本音楽史）

田鍬智志 （第2巻担当）
日本伝統音楽研究センター准教授（日本音楽史、民間芸能）

竹内有一 （第3巻担当）
日本伝統音楽研究センター教授（日本音楽史、近世邦楽）

齋藤桂 （第3巻担当）
日本伝統音楽研究センター講師（音楽学、日本音楽史）

〒610-1197　京都府京都市西京区大枝沓掛町13-6
https://rcjtm.kcua.ac.jp/

■編集・デザイン
こどもくらぶ（二宮祐子、見学さやか、矢野瑛子、高橋博美）

■企画・制作
株式会社エヌ・アンド・エス企画

■校正
渡邉郁夫

■写真提供
(p5) ジャパンアーカイブズ ／ (p13) 七代目杵屋佐吉 ／ (公財) 都山流尺八楽会 ／ 宮城道雄記念館 ／ (p15) 宮城道雄記念館 ／ 七代目杵屋佐吉 ／ (p17) 読売新聞社 ／ 二代 山本邦山 ／ (p18) 沢井箏曲院 ／ (p19) 特非 日本音楽集団 (撮影：福嶋頼秀) ／ (p21) 弘前商工会議所 ／ 三橋美智也みちや会 ／ 高橋哲子 ／ (p22) 公益財団法人日本太鼓財団 ／ (p23) 御諏訪太鼓 ／ (p25) ハートツリー ／ 小平市立小平第六中学校 ／ (p27) ハートツリー ／ 幸弘の会 ／ (p28) りゅーとぴあ 新潟市民芸術文化会館 ／ (p29) 石川県音楽文化振興事業団 ／ ハートツリー ／ (p30) 有限会社チャンプルーズ

■写真協力
(p5、6、7) 国立国会図書館デジタルコレクション ／ (p7) Sato S ／ (p9) 近代教科書デジタルアーカイブ
※上記以外はそれぞれの写真にクレジットを記載。

■おもな参考図書・参考資料
『日本の伝統音楽を伝える価値—教育現場と日本音楽—』(編／久保田敏子・藤田隆則　京都市立芸術大学 日本伝統音楽研究センター)
『点描　日本音楽の世界』(著／久保田敏子　白水社)
『ニッポンのうたはどう変わったか』(著／佐藤良明　平凡社ライブラリー)

国際交流基金 Performing Arts Network Japan
https://www.performingarts.jp/indexj.html
OUT of JAZZ　WEB　MAGAZINE
http://out-of-jazz.com/
日本の伝統芸能 (芸団協) ホームページ
https://www.geidankyo.or.jp/12kaden/entertainments/index.html

「夕焼け小焼け」「上を向いて歩こう」
JASRAC 出 2001520-001

この本の情報は、2020年2月までに調べたものです。
今後変更になる可能性がありますので、ご了承ください。

知りたい！ 日本の伝統音楽③
受けつごう！ 伝統音楽の今後

2020年4月30日　初版第1刷発行　　〈検印省略〉

定価はカバーに表示しています

監　　修　京都市立芸術大学
　　　　　日本伝統音楽研究センター
発行者　杉　田　啓　三
印刷者　藤　田　良　郎

発行所　株式会社 ミネルヴァ書房
607-8494　京都市山科区日ノ岡堤谷町1
電話 075-581-5191／振替 01020-0-8076

©こどもくらぶ, 2020　印刷・製本 瞬報社写真印刷株式会社

ISBN978-4-623-08885-0
NDC768/32P/27cm
Printed in Japan

知りたい！
日本の
伝統音楽

全3巻

監修／京都市立芸術大学 日本伝統音楽研究センター

27cm32ページ　NDC768

オールカラー　小学校中学年〜中学生向き

① 調べよう！　日本の伝統音楽の歴史

② 見てみよう！　日本の伝統楽器

③ 受けつごう！　伝統音楽の今後

おもしろくて 役に立つ！

ミネルヴァ書房の絵本
小学生中学年〜中学生向き

よんでしらべて時代がわかる　**ミネルヴァ日本歴史人物伝**　全36巻

みたい！　しりたい！　しらべたい！　**日本の妖怪大図鑑**　全3巻

みたい！　しりたい！　しらべたい！　**日本の妖怪すがた図鑑**　全3巻

みたい！　しりたい！　しらべたい！　**日本の神さま絵図鑑**　全3巻

みたい！　しりたい！　しらべたい！　**日本の地獄・極楽なんでも図鑑**　全3巻

令和のこころ　万葉の世界と梅花の宴（著／上野誠　絵／花村えい子）

万葉集から学ぼう 日本のこころと言葉　**古代の都**（監修／上野誠　絵／花村えい子）